Gutachten

Ehrenamt ist Ehrensache – Auch in Haftungsfragen?

Haftung der Industrie und Handelskammern unter besonderer Berücksichtigung des Ehrenamtes

I

der IHK Bonn/Rhein-Sieg

Von Timo Müller

Inhaltsverzeichnis

1. Einleitung

Die Industrie- und Handelskammern sind auf das Ehrenamt angewiesen. Zahlreiche Personen sind bundesweit im Ehrenamt der Industrie- und Handelskammern organisiert. Die Tätigkeiten des Ehrenamtes sind dabei vielfältig. Unternehmerinnen und Unternehmer engagieren sich als Vollversammlungsmitglieder, einige davon als Präsident oder Mitglied des Präsidiums. Als sogenanntes „Parlament der Wirtschaft" spielt die Vollversammlung der IHK eine große Rolle. Allein dort engagieren sich mehrere tausend Unternehmerinnen und Unternehmer. Der Präsident der Industrie- und Handelskammer ist der ehrenamtliche Repräsentant der IHK.[1] Allein die große Zahl an Ehrenämtern, aber auch die Tatsache, dass die Vollversammlungsmitglieder im Rahmen von Beschlüssen weitreichende Entscheidungen treffen, macht eine Auseinandersetzung mit der Frage der

---

[1] *Rickert*, in: Frenzel/Jäkel/Junge, Kommentar zu IHKG, 7. Auflage, 2009. S. 385, Rn. 13.

1

Haftung erforderlich. Das Gutachten beschäftigt sich mit der Frage der Haftung des Ehrenamtes von Industrie- und Handelskammern. Hierbei soll einerseits untersucht und aufgezeigt werden, ob und in welchen Situationen eine Haftung des IHK-Ehrenamtes überhaupt in Betracht kommt, andererseits ist dann zu untersuchen, wie eine etwaige Haftung ausgeschlossen oder wenigstens auf ein notwendiges Minimum reduziert werden kann. Um die Haftungstatbestände anhand konkreter Beispiele schildern zu können, wird eine kurze Darstellung der Organe der IHK gegeben und ihre jeweiligen Aufgaben umrissen.

1.1 Organe der IHK

Folgende Organe sind für die IHK tätig: Das oberste Organ der IHK ist die Vollversammlung (§ 4 IHKG), weitere Organe sind gemäß § 6 IHKG das Präsidium und der Präsident sowie der Hauptgeschäftsführer gemäß § 7 IHKG. Nach außen hin wird die IHK gem. § 7 II IHKG durch den Präsidenten und den Hauptgeschäftsführer gemeinschaftlich vertreten, sodass grundsätzlich keiner von diesen allein tätig werden kann. Allerdings kann die jeweilige Satzung der IHK „Näheres" zur Vertretung bestimmen und damit anordnen, dass bestimmte Arten von Geschäften vom Präsidenten oder vom Hauptgeschäftsführer allein vorgenommen werden.[2] Die IHK Bonn/Rhein-Sieg hat in ihrer Satzung in der Fassung vom 22.11.2017 von dieser Ermächtigung Gebrauch gemacht und in § 12 IV ihrer Satzung dem Hauptgeschäftsführer die alleinige Vertretungsbefugnis in Angelegenheiten der laufenden Verwaltung zugewiesen.

Die Vollversammlung ist die Vertretung der Unternehmen, die Mitglieder der IHK sind. Ihre Mitglieder werden gem. § 5 I IHKG von den Kammerzugehörigen, also von den Mitgliedern gewählt. Einzelheiten über die Wahl sind in den jeweiligen Wahlordnungen der IHKs geregelt. Gemäß der Wahlordnung der IHK Bonn/Rhein-Sieg wird die Vollversammlung für einen Zeitraum von 5 Jahren

---

[2] *Rickert*, in: Frenzel/Jäkel/Junge, Kommentar zu IHKG, 7. Auflage, 2009. S. 393, Rn. 12.

gewählt.[3] Die Vollversammlung bestimmt die Richtlinien und Grundsätze der Tätigkeit der IHK. Sie spiegelt die Wirtschaftsstruktur der einzelnen Branchen der Mitgliedsunternehmen der IHK wider. Hierfür hat die IHK Bonn/Rhein-Sieg in § 7 ihrer Wahlordnung Wahlgruppen gebildet, die sich an der Zahl der IHK-Unternehmen, deren Gewerbeerträgen und den Beschäftigtenzahlen der Wahlgruppe orientiert. Der Vollversammlung als oberstes Organ der IHK stehen weitreichende Rechte zu, die so weit gehen, dass diese den Hauptgeschäftsführer abberufen kann.[4] Die Mindestbefugnisse der Vollversammlung ergeben sich aus dem Gesetz.[5] In der jeweiligen Satzung können dann Ausnahmen sowie die Befugnisse von Präsident, Präsidium und Geschäftsführung geregelt werden. Die

[3] Vgl.: § 1 I der Wahlordnung der IHK Bonn/Rhein Sieg vom 24.11.2015, abrufbar im Internet unter https://www.ihk-bonn.de/fileadmin/dokumente/Downloads/Wir_ueber_uns/Wir_u eber_uns_-_Allgemein/Wahlordnung_2015_der_Industrie.pdf [zuletzt aufgerufen am 04.04.2019].
[4] OVG Lüneburg, Urteil vom 12. November 2009 – 8 LC 58/08 –, juris . Hier wurde ein Hauptgeschäftsführer der IHK aufgrund von Meinungsverschiedenheit mit dem Präsidium durch die Vollversammlung abberufen.
[5] BVerwG, Urteil vom 31. März 2004 – 6 C 25/03 –, BVerwGE 120, 255-263.

konkreten Aufgaben der Vollversammlung ergeben sich daher insbesondere aus der jeweiligen Kammersatzung. So hat die Industrie- und Handelskammer Bonn/Rhein-Sieg u. a. in § 5 ihrer Satzung über den Aufgabenbereich des § 4 IHKG hinaus der Vollversammlung die Beschlussfassung für die Errichtung von Zweig- und Außenstellen, die Gründung und Beteiligung an Gesellschaften sowie die Errichtung von Schiedsgerichten und Einigungsstellen vorbehalten.

Der Präsident wird gemäß § 6 I IHKG i. V. m. § 8 der Satzung der IHK Bonn/Rhein-Sieg von der Vollversammlung gewählt; seine Rechte und Pflichten sind in § 9 der Satzung geregelt. Er ist demnach insbesondere Sprecher der gewerblichen Wirtschaft, beruft die Vollversammlung ein und leitet diese. Kraft Satzung ist der Präsident auch Mitglied in allen Ausschüssen mit Ausnahme des Berufsbildungsausschusses. Dem Präsidium gehören gem. § 6 I IHKG weitere Mitglieder an, deren Anzahl von der jeweiligen Satzung zu bestimmen ist. Das Präsidium der IHK Bonn/Rhein-Sieg besteht gem. § 8 der Satzung aus dem Präsidenten und 7 Vizepräsidenten. Der Präsident ist gem. § 6 II IHKG i. V. m. § 9 der Satzung der Vorsitzende dieses Präsidiums.

Der nicht ehrenamtlich tätige Hauptgeschäftsführer ist kein Mitglied der Vollversammlung, hat dort aber bereits kraft seines Amtes ein Anwesenheitsrecht,[6] welches in § 10 I der Satzung der IHK Bonn/Rhein-Sieg nochmals ausdrücklich erwähnt wird. Er ist für die operativen Geschäfte und die Umsetzung der internen Regeln der IHK zuständig. Die Geschäfte der Industrie- und Handelskammer führt der Hauptgeschäftsführer nach den Grundsätzen, die das Präsidium aufgestellt hat[7] und nach den von der Vollversammlung aufgestellten Richtlinien und Beschlüssen.[8] Er ist an die Beschlüsse der Vollversammlung gebunden.[9]

---

[6] *Rickert*, in: Frenzel/Jäkel/Junge, Kommentar zu IHKG, 7. Auflage, 2009. S. 389, Rn. 3.
[7] www.ihk.de [zuletzt aufgerufen am 04.04.2019].
[8] Vgl.: § 10 II der Satzung der IHK Bonn/Rhein-Sieg in der Fassung vom 22.11.2017.
[9] *Rickert*, in: Frenzel/Jäkel/Junge, Kommentar zu IHKG, 7. Auflage, 2009. S. 389, Rn. 4.

Zusammenfassend kann man die Organisationsstruktur der IHK wie folgt umreißen:[10]

- Die IHKs sind gem. § 3 I IHKG Körperschaften des öffentlichen Rechts
- Es besteht Pflichtzugehörigkeit der Gewerbetreibenden des Kammerbezirkes kraft Gesetzes
- Die meisten kammerzugehörigen Mitglieder sind gesetzlich zur Zahlung von Kammerbeiträgen verpflichtet
- Kammerbeiträge und Gebühren sind öffentliche Abgaben
- Die IHK ist eine auf ihren Bezirk bezogene, regionale Wirtschaftsorganisation
- Als Körperschaft des öffentlichen Rechts untersteht die IHK der Rechtsaufsicht des jeweiligen Bundeslandes

---

[10] Vgl. auch: *Möllering*, in: Frenzel/Jäkel/Junge, Kommentar zu IHKG, 7. Auflage, 2009. S. 6, Rn. 10.

Ehrenamtlichkeit ist ein wichtiges Element der Tätigkeit der Organe in der IHK. Zahlreiche Personen sind in der IHK Bonn/Rhein-Sieg ehrenamtlich engagiert, indem sie in Gremien oder Ausschüssen mitwirken, oder als Prüfer tätig werden.[11] Die Vollversammlung und das Präsidium der IHK sind ehrenamtlich tätig, der Hauptgeschäftsführer ist dagegen hauptamtlich tätig.

1.2 Aufgaben der IHK – Der Leitgedanke des § 1 IHKG

Da die Tätigkeiten und die Aufgabenbereiche des Ehrenamtes (insbesondere Präsidium und Vollversammlung) sich maßgeblich aus dem gesetzlichen Auftrag der Industrie- und Handelskammern ergeben, wird zunächst ein Überblick über die Aufgaben der IHK gegeben. Die Industrie- und Handelskammer erfasst kraft Gesetzes alle Gewerbetreibenden ihres Bezirks, mit Ausnahme der Handwerker, die der Handwerkskammer angehören. Sie hat die Gesamtinteressen von Industrie, Handel und

---

[11] https://www.ihk.de/ihk-stark-dank-ehrenamt-und-demokratie [zuletzt aufgerufen am 04.04.2019].

Dienstleistern, kurz die Interessen der gewerblichen Wirtschaft zu vertreten. Darüber hinaus unterstützt sie staatliche Stellen durch Berichte, Gutachten und dergleichen und fördert ihre Mitglieder durch Beratung, Fortbildungseinrichtungen und ähnliche Angebote.[12] Die Aufgabe der Kammern ist zudem in § 1 I IHKG allgemein dahin bestimmt, dass sie nicht nur "das Gesamtinteresse der ihnen zugehörigen Gewerbetreibenden ihres Bezirks wahrzunehmen, für die Förderung der gewerblichen Wirtschaft zu wirken und dabei die wirtschaftlichen Interessen einzelner Gewerbezweige oder Betriebe abwägend und ausgleichend zu berücksichtigen" haben; sondern in den Absätzen 1 bis 3 sind konkretisierend einzelne praktisch besonders wichtige Aufgaben, wie die Errichtung von Einrichtungen zur Durchführung der Berufsausbildung oder die Ausstellung von Bescheinigungen und Zeugnissen, hervorgehoben, in Abs. 4 wird die

---

[12] Vgl. Gesetz zur vorläufigen Regelung des Rechts der Industrie- und Handelskammern vom 18.12.1956 (BGBl. I S. 920, kurz IHKG, abgedruckt in Sartorius, Ordnungsnummer 818.

Übertragung weiterer Aufgaben durch Gesetz oder Rechtsverordnung vorbehalten.[13]

§ 1 IHKG umschreibt damit den Aufgabenkreis der IHK und bildet die entscheidende Grundlage für ihre Tätigkeit.[14] Hintergrund dieser der Wirtschaft durch den Gesetzgeber gestatteten Selbstverwaltung ist der Gedanke, dass nicht der Staat über die Wirtschaft bestimmen soll, sondern die Unternehmen selbst. Die Tätigkeiten der IHK und damit jegliche Tätigkeit ihrer Mitarbeitenden, sowohl des Hauptgeschäftsführers als auch die der ehrenamtlich Tätigen, müssen sich dabei - nicht nur zur Vermeidung von Haftungsrisiken - immer an den in § 1 IHKG niedergelegten Grundsätzen orientieren. Diese kann man neben den hoheitlich zugewiesenen Aufgaben kurz umschreiben mit „Interessenvertreter und Dienstleister der Wirtschaft",

---

[13] Vgl. hierzu auch das lesenswerte Urteil des Bundesverfassungsgerichts zur Verfassungskonformität der Pflichtmitgliedschaft, BVerfG, Beschluss vom 19. Dezember 1962 – 1 BvR 541/57 –, BVerfGE, 235 ff.
[14] *Möllering*, in: Frenzel/Jäkel/Junge, Kommentar zu IHKG, 7. Auflage, 2009. S. 37, Rn. 1.

als den sich die IHK ebenso wie die für sie tätigen Personen immer sehen sollten. Ihre Tätigkeiten und Entscheidungen müssen stets an diesen Grundsätzen ausgerichtet werden.

1.3 Haftungspotential

Die Tätigkeiten des Ehrenamtes sind vielfältig. Durch die Vielzahl an ehrenamtlich für die IHKs tätigen Persönlichkeiten und die weitreichenden Befugnisse, die diese Tätigkeiten zuweilen mit sich bringen, besteht grundsätzlich ein Risiko des Eintritts von Schäden. Fehlentscheidungen von Organen können zu Vermögensschäden führen. Solche Schäden können einerseits der IHK selbst oder aber Dritten entstehen. Zu unterscheiden ist insoweit die sogenannte Innenhaftung, also die Haftung des jeweiligen Organs gegenüber der IHK und die sogenannte Außenhaftung, die Haftung gegenüber Dritten. Es stellt sich die Frage, ob und inwieweit Tätigkeiten im Ehrenamt haftungsrechtliche Folgen haben können. Es kommen hoheitliche sowie rechtsgeschäftliche Handlungen in

Betracht aber Handlungen im Rahmen der Mitgliedschaft in Ausschüssen oder der Vollversammlung. Haften beispielsweise die Mitglieder der Vollversammlung einer IHK oder Mitglieder des ehrenamtlichen Präsidiums persönlich gegenüber der IHK (Innenhaftung) oder gegenüber Dritten (Außenhaftung)? Wie werden solche Fragen für den Hauptgeschäftsführer beantwortet?

Denkbar wäre eine erfolgreiche Klage eines Mitglieds gegen einen Beitragsbescheid, der auf einem von der Vollversammlung genehmigten, allerdings fehlerhaften Haushalt basiert. Haftet in einem solchen Falle lediglich die IHK selbst gegenüber dem Mitglied oder haften Präsidiumsmitglieder respektive Mitglieder der Vollversammlung ggf. persönlich für derartige Vermögensschäden? Vorstellbar sind auch Vermögensschäden einer bestimmten Branche, die aus einem von der Kammer in Auftrag gegebenen Gutachten resultieren, das sich negativ auf die betroffene Branche auswirkt. Von Interesse für

Mitglieder der Vollversammlung ist auch die Frage, ob Beschlussvorlagen des Präsidiums ungeprüft „durchgewinkt" werden können oder ob ggf. eine Rückfrage-, Prüfungs- oder Vorbereitungspflicht der Vollversammlungsmitglieder vor der Abstimmung bestehen könnte.

Ein weiteres Beispiel für eine denkbare Haftung ist die öffentliche Äußerung einer IHK zu Verkehrsprojekten. Äußerungen einer IHK zu einem Schienenbauprojekt betreffen beispielsweise ihren Kompetenzbereich gem. § 1 IHKG. Derartige Äußerungen bedürfen aber der Zustimmung der Vollversammlung.[15] Sollte sich nun die Äußerung der IHK zu einem solchen Projekt nachträglich als rechtswidrig herausstellen, ist fraglich, wer für etwaig eingetretene Schäden haftet.

Auch die Beteiligung der IHK an einer externen Gesellschaft, z. B. an einer Streikkasse oder einer Karnevalsgesellschaft kann grundsätzlich

---

[15] VG Stuttgart, Urteil vom 07. April 2011 – 4 K 5039/10 –, juris.

13

Haftungsrisiken beinhalten. Auch insoweit ist von Interesse, ob dann im Falle des Eintritts eines Vermögensschadens Präsidiums- oder Vollversammlungsmitglieder oder der Hauptgeschäftsführer persönlich von der IHK (Innenhaftung) oder von Dritten (Außenhaftung) in Anspruch genommen werden können.

Der kleine Auszug an möglichen Haftungsbeispielen zeigt, dass durchaus Haftungsrisiken bestehen und ein Analysebedürfnis nach der Haftungssituation des Ehrenamtes vorliegt.

In diesem Zusammenhang ist dann als logische Folge noch von Interesse, welche Möglichkeiten der Absicherung gegen etwaige Haftungsrisiken des Ehrenamtes oder des Hauptgeschäftsführers bestehen. Hierbei ist noch zu unterscheiden, wie die IHK ihre Ehrenämter absichern kann und welche Möglichkeiten die ehrenamtlich tätige Person selbst hat.

1.4 Systematik haftungsrelevanter Handlungen

Ein Fehlverhalten kann entweder einer hoheitlichen, rechtsgeschäftlichen oder deliktischen[16] Tätigkeit zugerechnet werden. Eine Haftung für ein solches Fehlverhalten kann entweder im Außen- oder im Innenverhältnis entstehen. Eine Außenhaftung bezeichnet dabei die Haftung der IHK oder des jeweiligen Organs (z. B. Präsident oder Vizepräsident) gegenüber Dritten, die Innenhaftung meint das Haftungsverhältnis des jeweiligen Organs zur IHK. Hierbei kommt grundsätzlich eine Haftung des jeweils handelnden Organs (z. B. Präsidium) oder auch die persönliche Haftung der einzelnen Person (z. B. Präsident, Vizepräsident) in Betracht. Unterschieden wird, ob die Vertretungsbefugnis im Aufgabenbereich des jeweiligen Organs überschritten wurde, oder ob der gesetzliche Kompetenzbereich der IHK insgesamt nicht eingehalten wurde.

---

[16] Unter deliktischem Handeln versteht man sog. unerlaubte, also vom Gesetz nicht gebilligte Handlungen.

1.4.1 Haftung im Außenverhältnis – Grundsätzliche Haftung der IHK nach außen

Im Außenverhältnis haftet die IHK im Rahmen ihrer Organhaftung grundsätzlich selbst, nicht ihre Mitglieder oder Organe. Eine unmittelbare Haftung der Organe kommt allenfalls dann in Betracht, wenn diese erkennbar den typischen Kompetenzbereich der IHK überschreiten. Ein etwaiges Fehlverhalten der Organe der IHK kann wiederum hoheitlich, rechtsgeschäftlich oder deliktisch erfolgt sein, wie oben beschrieben.

Im Rahmen von rechtsgeschäftlichem Handeln entsteht eine Haftung gemäß §§ 89 I, 31 I BGB. § 31 BGB - eine Vorschrift aus dem Vereinsrecht[17] - rechnet dem Verein

---

[17] Durch das am 03.10.2009 in Kraft getretene Gesetz zur Begrenzung der Haftung von ehrenamtlich tätigen Vereinsvorständen vom 28.09.2009 (VereinsVorHaftgsBegrG - BGBl. 2009 Teil I Seite 3161) wurde die Regelung des § 31a BGB neu geschaffen. Danach haftet ein unentgeltlich tätiges oder nur geringfügig vergütetes Vorstandsmitglied dem Verein gegenüber für einen bei der Wahrnehmung seiner Pflichten verursachten Schaden nur bei Vorsatz oder grober Fahrlässigkeit (§ 31a Abs. 1 Satz 1 BGB); gleiches gilt für die Haftung gegenüber (anderen) Vereinsmitgliedern (§ 31a Abs. 1 Satz 2 BGB). Ein derart privilegiertes Vorstandsmitglied hat zudem bei Inanspruchnahme durch einen Dritten einen Freistellungsanspruch gegenüber dem Verein (§ 31a Abs. 2 BGB). § 31a BGB begrenzt dabei nicht die

das Handeln seiner verfassungsgemäß berufenen Vertreter im Rahmen der Organtheorie als eigenes Handeln zu.[18] Eine Vergleichbarkeit zur IHK besteht insoweit, dass sich die Vertretungsbefugnisse der IHK aus dem IHKG und wie beim Verein i. V. m. der jeweiligen Satzung ergeben. Deshalb wird die Haftungsregelung des § 31 BGB über § 89 BGB auch für Körperschaften des öffentlichen Rechts und damit die IHK angewendet. § 31 BGB ist eine haftungszuweisende Norm und setzt voraus, dass der verfassungsgemäße Vertreter eine zum Schadensersatz verpflichtende Handlung begangen hat.[19] Für die Haftung ist derzeit noch nicht geklärt, ob Haftungserleichterungen oder -privilegien für ehrenamtliche Tätigkeiten von IHK-Mitgliedern bestehen, wie dies zum Beispiel für Vereine in § 31a BGB geregelt ist. Eine entsprechende Rechtsprechung fehlt bisher noch.

Außenhaftung gegenüber Dritten, sondern allein die Innenhaftung des Vorstandsmitglieds gegenüber dem Verein und den Vereinsmitgliedern (*Ellenberger* in: Palandt, BGB 74. Aufl. § 31a Rn. 4; OLG Nürnberg, Beschluss vom 13. November 2015 – 12 W 1845/15 –, Rn. 37 - 38, juris).

[18] BGH 98, 148, § 26 Rn 1; *Ellenberger*/Palandt (2018), § 31, Rn 1.
[19] *Ellenberger*/Palandt (2018), § 31, Rn 2.

Verursacht ein Organwalter[20] im Rahmen einer hoheitlichen Tätigkeit für die IHK einen Schaden gegenüber einem Dritten, so haftet die IHK gemäß § 839 BGB i. V. m. Art. 34 GG. Diese Haftung ist im Rahmen der Staatshaftung bei der Wahrnehmung hoheitlicher Aufgaben für das Fehlverhalten des Organverwalters begründet. Der Industrie- und Handelskammer sind kraft Gesetzes hoheitliche Aufgaben zugewiesen. So obliegt der IHK gem. § 3 IHKG u. a. die Ausstellung von Ursprungszeugnissen. Gemäß § 71 II BBiG ist sie für die Berufsbildung in nicht handwerklichen Gewerbeberufen die gemäß § 76 I BBiG zuständige Stelle für die Überwachung u. a. der Durchführung der Berufsausbildung. Zudem nimmt die IHK anstelle des Staates weitere hoheitliche Aufgaben wahr. Sie bestellt und vereidigt Sachverständige als neutrale Gutachter und registriert Versicherungs- und Finanzanlagenvermittler sowie Immobiliardarlehensvermittler und erteilt diesen im

---

[20] Unter Organwalter versteht man eine natürliche Person, die die Aufgaben des jeweiligen Organs wahrnehmen.

Auftrag des Staates die Erlaubnis gemäß der Gewerbeordnung.[21] Der Staat hat seine Hoheitsbefugnisse bewusst an die Industrie- und Handelskammern abgegeben, weil er davon ausgeht, dass die Unternehmer ihre eigenen Angelegenheiten besser regeln, als staatliche Behörden.

Entstehen einem Dritten durch die vorgenannte Amtsausübung Schäden, dann haftet, wie bereits dargestellt, die IHK gemäß § 839 BGB i. V. m. Art. 34 GG. Ist unklar, ob es sich um eine privatrechtliche oder öffentlich-rechtliche Aufgabe handelt, gilt eine Anscheinsvermutung für öffentlich-rechtliches Handeln.[22] So ist die IHK beispielsweise zur ordnungsgemäßen Beratung eines Ausbildungsbetriebes verpflichtet. Fehler in der Ausbildungsberatung können zu einem Amtshaftungsanspruch gem. § 839 BGB i. V. m. Art. 34 GG führen. Eine Industrie- und Handelskammer ist

---

[21] https://www.ihk-bonn.de/fileadmin/dokumente/Downloads/Wir_ueber_uns/Oeffentlichkeitsarbeit/Recht_und_Steuern.pdf [zuletzt aufgerufen am 04.04.2019].
[22] *Sprau*/Palandt (2018), § 839, Rn 17.

insoweit verpflichtet, bei der Feststellung der Eignung eines Betriebes als Ausbildungsbetrieb diesem gegenüber offenzulegen, dass ein Auszubildender zur Erreichung des Ausbildungsziels im Regelfall eine kostenpflichtige außerbetriebliche Zusatzausbildung absolvieren muss. Verletzt die Industrie- und Handelskammer diese Pflicht, so haftet sie als Körperschaft des öffentlichen Rechts für den entstandenen Schaden aus Amtspflichtverletzung.[23]

Erteilt die Industrie- und Handelskammer Auskünfte, so müssen diese als behördliche Auskunft vollständig, richtig und unmissverständlich sein, sodass der Empfänger zuverlässig disponieren kann.[24] Andernfalls kann ein Schadenersatzanspruch gegen die IHK aufgrund einer Amtspflichtverletzung entstehen. Das Fehlverhalten des jeweils Handelnden wird der IHK zugerechnet und diese haftet anstelle des Handelnden.

---

[23] OLG Zweibrücken, Urteil vom 28. Mai 2009 – 6 U 1/08 –, juris; dort wurde eine IHK zum Ersatz von € 15.530,00 außerbetrieblicher Ausbildungskosten aufgrund einer fehlerhaften Beratung des Ausbildungsbetriebes verurteilt.
[24] BGH, Urteil vom 21. April 2005 – III ZR 264/04 –, Rn. 17.

1.4.2 Haftung im Innenverhältnis – Organe oder Einzelne gegenüber der IHK

Die IHK kann bei ihren Organen[25] Schadenersatz wegen Überschreiten der Vertretungsbefugnis geltend machen. Werden hoheitliche Aufgaben erfüllt, trifft die Haftung zunächst den Amtsträger selbst. Diese Haftung wird aber vom Staat im Rahmen der Amtshaftung gem. Art. 34 GG i. V. m. § 839 BGB übernommen und auf die IHK übertragen. Es liegt also eine Haftungsübernahme vor mit der Folge, dass anstelle des handelnden Amtsträgers der Staat – und damit die IHK als Körperschaft des öffentlichen Rechts - den Schaden zu ersetzen hat. Etwas anderes ergibt sich nur bei Vorliegen einer Pflichtverletzung. Wird vorsätzlich oder fahrlässig ein Gesetz oder die Satzung nicht eingehalten, dann haftet das betreffende Organ gegenüber der IHK im Innenverhältnis auch persönlich für den

---

[25] Organe im rechtlichen Sinne handeln für juristische Personen und Personenvereinigungen, z. B. die IHK als Körperschaft, da diese nicht im natürlichen Sinne handeln und entscheiden können. Sie sind durch eine natürliche Person, den sogenannten Organwalter besetzt.

entstandenen Schaden aus §§ 276 ff. BGB. Auch, wenn für IHK-Organe kein gesetzliches Haftungssystem geregelt wurde, ist allgemein anerkannt, dass auch im öffentlichen Recht bei Fehlverhalten eine Inanspruchnahme möglich ist.[26]

Entsteht der IHK selbst ein Schaden durch das Handeln eines seiner Organe, dann ist gemäß § 31a BGB zu prüfen, ob eine Schadensersatzpflicht nach §§ 27 III, 664[27], 280 BGB durch schuldhafte Verletzung von Interessenwahrungspflichten eingetreten ist.[28] Möglich ist eine Haftung von Präsidiumsmitgliedern, wenn Beschlüsse ohne Hinterfragung zur Wirtschaftlichkeit oder ohne zuverlässige Einschätzungen und Informationen zur Zulässigkeit getroffen werden. Die Verletzung von Sorgfaltspflichten kann wiederum einen Schadensersatzanspruch der IHK gegenüber

---

[26] *Grütters* (2006), S. 141; auch *Arnim* (2018), S. 71.

[27] § 664 BGB regelt die sogenannte Gehilfenhaftung. Für das Verschulden eines Gehilfen ist der Auftragnehmer nach § 278 verantwortlich. Für das ehrenamtliche Präsidium liegt (anders als beim Hauptgeschäftsführer) kein Arbeitsvertrag vor. Daher ist das Präsidium als Gehilfe i. S. d. 664 BGB anzusehen.

[28] *Ellenberger*/Palandt (2018), § 31, Rn 4.

Präsidiumsmitgliedern begründen. § 31a BGB analog begrenzt nicht die Außenhaftung gegenüber Dritten, sondern allein die Innenhaftung des jeweiligen Organmitglieds gegenüber der IHK.[29] Hierbei ist aber zu berücksichtigen, dass der Hauptgeschäftsführer aufgrund seiner Geschäftsführungsfunktion verpflichtet ist, die Meinungsbildung und Entscheidungen der anderen Organe vorzubereiten. Dabei ist er zur Darlegung der wirtschaftlichen, wie auch insbesondere rechtlicher Bedenken nicht nur berechtigt, sondern auch verpflichtet.[30] Im Ergebnis kann sich das Ehrenamt daher insoweit exkulpieren, sofern der Hauptgeschäftsführer seiner Informations- und Mitteilungspflicht nicht genüge getan hat.

1.4.3 Persönliche Haftung gegenüber der IHK oder gegenüber Dritten

Das Ehrenamt haftet im Innenverhältnis gegenüber der IHK nur persönlich, wenn gesetzliche Pflichten verletzt

---

[29] *Ellenberger*/Palandt (2018), § 31a, Rn 4.
[30] *Rickert*, in: Frenzel/Jäkel/Junge, Kommentar zu IHKG, 7. Auflage, 2009. S. 389, Rn. 3.

wurden. Eine persönliche Haftung entsteht, wenn Organe in ihrem Handeln den gesetzlichen Kompetenzbereich der IHK nach § 1 IHKG insgesamt überschreiten. Hierfür reicht grundsätzlich bereits leichte Fahrlässigkeit aus.[31] Diese vom Grundsatz her weitreichende Haftung kann aber auf der anderen Seite durch verschiedene Maßnahmen wieder deutlich minimiert werden. Hierzu werden unten unter Ziffer 3) mehrere Vorschläge zur Absicherung gemacht. Über diese Möglichkeiten hinaus sieht bereits das Gesetz gerade für ehrenamtliche Tätigkeiten in § 31 a BGB, der nach der hier vertretenen Rechtsauffassung auch auf das Ehrenamt der IHK Anwendung findet, bereits erhebliche Haftungspriviligierungen vor.

Wird die eigene Vertretungsmacht laut Satzung, nicht aber der Kompetenzbereich der IHK insgesamt überschritten, haftet die IHK über §§ 89, 31 BGB für einen kausal aufgrund der Unwirksamkeit des Rechtsgeschäfts entstandenen Schaden, und es

---

[31] *Ellenberger*/Palandt (2018), § 31a, Rn 4.

entsteht eine Innenhaftung des Organs gegenüber der IHK, wie unter 1.4.2 beschrieben. Handelt das jeweilige Organ aber außerhalb des gesetzlichen Kompetenzbereiches der IHK i. S. d. § 1 IHKG,[32] ist eine Zurechnung zur IHK nach § 89 BGB ausgeschlossen. Das Organ haftet in einem solchen Fall gemäß § 179 BGB wie ein Vertreter ohne Vertretungsmacht persönlich. § 179 BGB sieht vor, dass jemand, der einen Vertrag ohne die entsprechende Vertretungsmacht schließt und dieser dann gegenüber dem Vertretenen unwirksam ist, den Vertrag dann entweder selbst erfüllen oder Schadenersatz leisten muss. Die andere Partei hat insoweit ein Wahlrecht. Schließt also beispielsweise der Präsident einen nicht im Rahmen des Kompetenzbereichs des § 1 IHKG liegenden, rechtsgeschäftlichen Vertrag über die Erbringung einer Dienstleistung ab, oder schließt er ein Geschäft ab, was zwar im Kompetenzbereich der IHK aber nicht in seinem eigenen Befugnisbereich gemäß Satzung liegt, z. B.

---

[32] Es sei nochmals darauf hingewiesen, dass der Leitgedanke des § 1 IHKG im Tagesgeschäft und bei Entscheidungen stets präsent sein sollte.

einen Arbeitsvertrag mit einem Geschäftsführer, so ist er grundsätzlich nach § 179 BGB so zu stellen, als sei er selbst – und nicht die IHK – durch den Vertrag verpflichtet worden. Er macht sich damit kraft Gesetzes entweder erfüllungs- oder schadenersatzpflichtig. Ein solches Rechtsgeschäft, das der Präsident außerhalb des durch das Gesetz oder die Satzung ermächtigten Handlungsspielraumes abschließt, ist für die IHK nicht bindend.[33] Da die persönliche Erfüllung dem Präsidenten in diesem Falle unmöglich ist, verbleibt es bei einem Schadenersatzanspruch.

Sofern das IHK-Organ im Rahmen seiner Tätigkeit als Amtsträger einen Schaden verursacht, gelten die Amtshaftungsgrundsätze.[34] Wie oben bereits erläutert, haftet dann also die IHK anstelle des jeweiligen Amtsträgers. Handelt das Organ nicht als Amtsträger, aber im Rahmen einer Amtstätigkeit, haftet wie schon beschrieben, die IHK nach §§ 89, 31 i. V. m. §§ 823 ff.

---

[33] BGH, Urteil vom 28. Februar 1956 – 1 ZR 84/54 –, BGHZ 20, 119-127.
[34] *Maurer* (2011), § 26, Rn. 11 ff.

BGB. Dies gilt solange, wie die schadensstiftende, unerlaubte Handlung im Rahmen der von der IHK übertragenen Obliegenheiten begangen wurde und mit dieser in einem ursächlichen Zusammenhang steht.[35] Ist das Fehlverhalten also bei Erfüllung einer Aufgabe erfolgt, die in den Aufgabenbereich der IHK fällt, so haftet diese auch nach außen. Dies schließt aber eine persönliche Haftung von IHK-Organen wegen einer Verletzungshandlung gemäß § 823 I BGB oder eines Verstoßes gegen ein Schutzgesetz gemäß § 823 II BGB nicht aus. Zu berücksichtigen ist, dass § 823 BGB in seinem Anwendungsbereich von der vorrangigen Spezialregelung des § 839 BGB verdrängt wird.[36] Durch die Haftungserweiterung des Art. 34 GG erfasst § 839 BGB nicht nur den im engeren Sinne angesprochenen staatsrechtlichen Beamtenbegriff,[37] sondern jeden, der in Ausübung eines öffentlichen Amtes handelt (sog. haftungsrechtlicher Beamtenbegriff). Damit sind auch Mitarbeitende der IHK erfasst, wenn diese hoheitlich

---

[35] BGH Urteil vom 08.07.1986, Az VI ZR 47/85.
[36] *Sprau*/Palandt (2018), § 839, Rn 2.
[37] *Sprau*/Palandt (2018), § 839, Rn 13.

tätig werden. Bei fehlender Haftungsverlagerung i. S. d. Art. 34 GG greift eine persönliche Haftung nur gemäß § 839 BGB, dies gilt aber nur für Beamte im staatsrechtlichen Sinn, nicht für IHK-Organe.[38] Im Ergebnis haftet also bei hoheitlichem Handeln des Amtsträgers ausschließlich die IHK, die persönliche Haftung des Amtsträgers ist ausgeschlossen.[39] Bei rechtsgeschäftlichem Handeln (z. B. Abschluss von Verträgen) hingegen kann daneben eine Haftung der einzelnen Person bestehen.[40]

1.4.4 Strafrechtlich relevantes Verhalten

Jedes strafrechtlich relevante Verhalten ist dem Handelnden selbst zuzurechnen, und ebenso alle zivilrechtlichen Ansprüche, die Dritten daraus entstehen können. Hier ist keine Haftung der IHK für ihre Organe anzunehmen.[41] Bezüglich des Präsidenten ist aber zu beachten, dass dieser nicht nur Organ der IHK, sondern wegen seiner hoheitlichen Befugnisse auch Amtsträger

---

[38] *Sprau*/Palandt (2018), § 839, Rn 14.
[39] *Sprau*/Palandt (2018), § 839, Rn 12.
[40] *Sprau*/Palandt (2018), § 839, Rn 14.
[41] Arbeitspapier der Kommission für Kammerrechtspolitik, S 4.

i. S. d. § 11 II Nr. 2 lit.) c des Strafgesetzbuches (StGB) ist.[42] Das bedeutet, dass der Präsident strafrechtliche Delikte erfüllen kann, die ausschließlich durch Amtsträger begangen werden können. Diese werden auch echte Sonderdelikte genannt.[43] Es ist daher Vorsicht geboten, wenn es um Delikte wie Falschbeurkundung im Amt (§ 348 StGB) oder beispielsweise Vorteilsannahme und Bestechlichkeit (§§ 331 ff. StGB) geht. Für die anderen Präsidiumsmitglieder ist das Risiko der Verwirklichung eines strafrechtlichen Amtsdeliktes deutlich geringer. Diese sind grundsätzlich keine Amtsträger i. S. d. § 11 I Nr. 2 lit.) c StGB, da sie i. d. R. nur körperschaftinterne Aufgaben als Beschlussorgan wahrnehmen und nicht nach außen in Erscheinung treten.[44] Allerdings wird der Präsident der IHK Bonn/Rhein-Sieg gem. § 9 III der Satzung durch einen von ihm beauftragten Vizepräsidenten vertreten. Innerhalb eines solchen Vertretungsauftrages tritt dann

---

[42] *Rickert*, in: Frenzel/Jäkel/Junge, Kommentar zu IHKG, 7. Auflage, 2009. S. 385, Rn. 9.
[43] *Rengier*, Strafrecht, § 10, Rn. 25.
[44] *Rickert*, in: Frenzel/Jäkel/Junge, Kommentar zu IHKG, 7. Auflage, 2009. S. 385, Rn. 12.

auch der Vizepräsident nach außen auf und ist anstelle des Präsidenten Amtsträger und damit dem Risiko der Verwirklichung eines Amtsträgerdeliktes ausgesetzt. Für die Mitglieder der Vollversammlung besteht das Risiko der Verwirklichung eines solchen strafrechtlichen Amtsträger-Deliktes indessen nicht. Die Mitglieder der Vollversammlung sind keine Amtsträger, weil sie ausschließlich körperschaftsinterne Aufgaben als Beschlussorgan erfüllen und Dritten gegenüber nicht als Träger öffentlicher Verwaltung in Erscheinung treten.[45]

2. Konkrete Beispiele

2.1 Haften Mitglieder der Vollversammlung einer IHK und Mitglieder des ehrenamtlichen Präsidiums persönlich?

Grundsätzlich ist eine persönliche Haftung für alle IHK-Organe gegenüber der IHK im Innenverhältnis denkbar, allerdings nur bei Überschreiten ihrer jeweiligen Vertretungsbefugnis, oder wenn sie den gesetzlichen

---

[45] *Rickert*, in: Frenzel/Jäkel/Junge, Kommentar zu IHKG, 7. Auflage, 2009. S. 379, Rn. 94.

30

Kompetenzbereich der IHK nach § 1 IHKG insgesamt überschreiten auch gegenüber Dritten im Außenverhältnis.

Der Präsident wird gemäß § 6 I IHKG i. V. m. § 8 I der Satzung der IHK Bonn/Rhein-Sieg von der Vollversammlung gewählt. Der Präsident handelt im Rahmen seiner Tätigkeit im Regelfall im Namen der IHK. Direkte Ansprüche der IHK gegen den Präsidenten scheiden mangels zivilrechtlicher Haftungsnormen aus, die Handlungen werden aber der IHK zugerechnet. Es besteht eine öffentlich-rechtliche Rechtsbeziehung zwischen der IHK und dem Bürger, die nach der Struktur und dem Gegenstand mit zivilrechtlichen Schuldverhältnissen vergleichbar ist und zur Anwendung der Vorschriften des BGB führt.[46] Da also ein sogenanntes öffentlich-rechtliches Schuldverhältnis besteht, auf das die Normen des Zivilrechts grundsätzlich anwendbar sind, greifen für die Haftung des Präsidenten § 280 und § 276 BGB.[47] Die Haftung aus

---

[46] *Maurer* (2011), § 29, Rn. 2.
[47] *Maurer* (2011), § 29, Rn 4.

einem solchen Schuldverhältnis setzt Verschulden voraus. Problematisch ist insoweit, dass § 280 I 2 BGB eine Vermutungsregelung für das Verschulden aufstellt (Beweislastumkehr). Nicht abschließend geklärt ist, ob diese Beweislastregel auch für das öffentlich-rechtliche Schuldverhältnis zu Lasten des Amtsinhabers eingreift. Dies hätte zur Folge, dass der Amtsinhaber im Falle einer Pflichtverletzung sein Nicht-Verschulden dazulegen und zu beweisen hätte.[48] Bisher ist für eine Beschränkung der Geltung der §§ 280 ff. BGB in der Literatur und Rechtsprechung nichts ersichtlich.[49] Auch *Maurer* geht davon aus, dass der Geschädigte ein Verschulden nicht beweisen muss, sondern die Vermutung des § 280 I 2 BGB zur Anwendung kommt.[50] Gegen eine Anwendbarkeit der Vermutungsregel spricht allerdings, dass die Anwendbarkeit des § 280 BGB rechtlich konstruiert ist und keine Vertragsbeziehung zwischen Ehrenamt und der IHK besteht.[51] Es ist aber zu berücksichtigen, dass sich die

---

[48] *Grütters* (2006), S. 142.
[49] BGH, Urteil vom 05. Juni 2008 – III ZR 225/07 –, Rn. 18, m. w. N.
[50] *Maurer* (2011), § 29, Rn. 8.
[51] *Grütters* (2006), S. 142.

Rechtslage seit Inkrafttreten des Ehrenamtstärkungsgesetzes[52] am 01.01.2013 geändert hat. Ausweislich der Begründung im Gesetzesentwurf vom 26.11.2012 ist ausdrückliches Ziel des Gesetzes die Haftungsbeschränkung des Ehrenamtes.[53] Die in § 280 I 2 BGB enthaltene Beweislastumkehr ist indessen eine Verschärfung der allgemeinen Beweislastverteilung und nach der hier vertretenen Rechtsauffassung mit dem Gesetzesziel nicht vereinbar. Gleichwohl wird derzeit noch davon ausgegangen, dass die Beweislastumkehr des § 280 I 2 BGB auch auf öffentlich-rechtliche Schuldverhältnisse anwendbar ist.[54] Die dieser Auffassung zugrundeliegende Rechtsprechung ist indessen vor dem Inkrafttreten des Ehrenamtstärkungsgesetzes entstanden.[55] Eine neue, höchstrichterliche Rechtsprechung bleibt abzuwarten.

---

[52] Gesetz zur Stärkung des Ehrenamtes,
Bundesgesetzblatt Jahrgang 2013 Teil I Nr. 15, ausgegeben zu Bonn am 28. März 2013
[53] Bt-Drucks. 17/11632.
[54] *Grüneberg*/Palandt (2018), § 280, Rn 45.
[55] BGH, Urteil vom 05. Oktober 1989 – III ZR 126/88.

Im Fall der Verletzung von Rechtsgütern, die gemäß § 823 BGB geschützt sind, kommt neben der Haftung aus einem öffentlich-rechtlichen Schuldverhältnis auch eine Haftung aus unerlaubter Handlung in Betracht.

Die Präsidiumsmitglieder haften entsprechend dem Präsidenten. Da sie die IHK i. d. R. nach außen hin aber nicht vertreten, ist ihr Haftungsrisiko geringer.[56] Nur bei der beauftragten Vertretung des Präsidenten aufgrund seiner Verhinderung gem. § 9 III der Satzung der IHK Bonn/Rhein-Sieg treten die Vizepräsidenten nach außen auf.[57] In diesem Falle ist der jeweils den Präsidenten vertretende Vizepräsident dann Amtsträger und kann auch die strafrechtlichen Sonderdelikte verwirklichen. Bei der Durchführung von Beschlüssen von Präsidium oder Vollversammlung ist nur dann eine Pflichtverletzung gegeben, wenn ein offensichtlicher Verstoß gegen die Satzung oder ein Gesetz erfolgt ist. So wäre gemäß § 1 V IHKG z. B. ein Beschluss über die Beteiligung an der Streikkasse für eine

---

[56] *Grütters* (2006), S. 142.
[57] Vgl. hierzu oben, 1.4.4.

Arbeitgebervereinigung ein offensichtlicher Gesetzesverstoß, da die Wahrnehmung u. a. arbeitsrechtlicher Interessen ausdrücklich nicht zu den Aufgaben der IHK gehört. Auch eine etwaige Stellungnahme gegen den Mindestlohn in Deutschland wäre ungeachtet ihres Bezugs zur Wirtschaft in den Kammerbezirken nicht mehr von der Kammerkompetenz gedeckt, weil sie sich als unzulässige Wahrnehmung arbeitsrechtlicher und sozialpolitischer Interessen im Sinne des § 1 Abs. 5 IHKG darstellen.[58] Spätestens seit dem höchstrichterlichen Urteil des Bundesverwaltungsgerichts vom 23.03.2016 dürften auch solche Verstöße offensichtlich sein.

2.2 Haftet der Hauptgeschäftsführer einer IHK persönlich?

Der Hauptgeschäftsführer haftet der IHK bei Überschreiten seiner Vertretungsbefugnis oder wenn er den gesetzlichen Kompetenzbereich der IHK insgesamt überschreitet. Seine Aufgaben und sein

---

[58] BVerwG, Urteil vom 23. März 2016 – 10 C 4/15 –, Rn. 36.

35

Tätigkeitsbereich entsprechen dem eines Vorstandes einer Aktiengesellschaft oder eines GmbH-Geschäftsführers. Insbesondere dann, wenn Alleinvertretungsbefugnis eingeräumt wurde, können bei Fehlinvestitionen mit Vermögensschäden für die IHK erhebliche finanzielle Folgen entstehen. So obliegt beispielsweise gem. § 11 I der Satzung der IHK Bonn/Rhein-Sieg die Anstellung von Mitarbeitern (mit Ausnahme der Geschäftsführer) allein dem Hauptgeschäftsführer. Ein Haftungsrisiko besteht daher bei fehlerhafter Mitarbeiterauswahl, die zu Vermögensschäden der IHK führt.[59] Grundlage für die Begründung des Organverhältnisses ist die Bestellung durch die Vollversammlung. Mit dem Anstellungsvertrag werden individualvertragliche Regelungen getroffen. Der Hauptgeschäftsführer haftet zum Einen analog dem Präsidenten durch die Bestellung aus einem öffentlich-rechtlichen Schuldverhältnis, zum Anderen aus allgemein zivilrechtlichen Vorschriften bei der Verletzung vertraglicher Pflichten.[60] Es ist allgemein

---

[59] *Grütters* (2006), S. 142, mit weiteren Beispielen.
[60] *Grütters* (2006), S. 143.

anerkannt, dass der Hauptgeschäftsführer darüber hinaus aber nicht in analoger Anwendung der Haftung für den GmbH-Geschäftsführer haftet, da die vorgenannten Haftungsregeln ausreichen. Ein Raum für die Anwendung von Haftungsnormen wie § 43 I GmbHG ist daher nicht gegeben.[61]

2.3 Haftung für Fehlentscheidungen, die zu einem Vermögensschaden für die IHK führen

In einem solchen Fall ist zu prüfen, ob eine Haftung im Innenverhältnis entstanden ist. Wenn die IHK selbst einen Schaden durch das Handeln ihrer Organe erleidet, muss nach § 31a BGB geprüft werden, ob eine Schadensersatzpflicht gemäß §§ 27 III, 664[62], 280 BGB durch schuldhafte Verletzung von Interessenwahrungspflichten entstanden ist.[63] Haftbar ist in einem solchen Fall das Organ, das im jeweiligen

---

[61] Urteil von 04.03.2005, Az: II ZR 5/03, BB 2005, 1016.
[62] § 664 BGB regelt die sogenannte Gehilfenhaftung. Für das Verschulden eines Gehilfen ist der Auftragnehmer nach § 278 verantwortlich. Für das ehrenamtliche Präsidium liegt (anders als beim Hauptgeschäftsführer) kein Arbeitsvertrag vor. Daher ist das Präsidium als Gehilfe i. S. d. 664 BGB anzusehen.
[63] *Ellenberger*/Palandt (2018), § 31, Rn 4.

Fall tätig wurde. Das Präsidium haftet in Fällen, in denen ein Beschluss gefasst wurde, der im Innenverhältnis gültig ist, bei dem aber zum Beispiel eine Aufsichts- oder Überwachungspflicht verletzt wurde, oder die Satzung nicht eingehalten wurde. Entsteht der IHK ein Vermögensschaden durch ein solches Verhalten (oder Unterlassen), entsteht ein öffentlich-rechtliches Schuldverhältnis laut § 276 ff.[64] BGB. Hiernach haftet der jeweilige Schuldner grundsätzlich für Vorsatz und Fahrlässigkeit. Vorsätzlich handelt, wer mit Wissen und Wollen den pflichtwidrigen Erfolg herbeiführt.[65] Fahrlässig handelt gem. § 276 II BGB, wer die im Verkehr erforderliche Sorgfalt außer Acht lässt. Der Schuldner muss sich also so sorgfältig verhalten, dass Schäden des Anderen vermieden werden.[66] Nicht ausjudiziert ist derzeit noch, ab welchem konkreten

---

[64] Ein öffentlich-rechtliches Schuldverhältnis ist anzunehmen, wenn ein besonders enges öffentlich-rechtliches Verhältnis des Einzelnen zum Staat oder zur Verwaltung begründet wird und mangels gesetzlicher Regelung ein Bedürfnis für eine angemessene Verteilung der Verantwortung innerhalb des Öffentlichen Rechts vorliegt, BGHZ 21, 214, 218; 59, 303, 305; 61, 7, 11.

[65] *Grüneberg*/Palandt (2018), § 276, Rn 10.

[66] *Brox/Walker*, § 20, Rn. 14.

Verschuldensgrad (Vorsatz, grobe Fahrlässigkeit etc.) dies gelten soll.

2.4 Haftung bei erfolgreicher Klage eines Mitglieds gegen einen Beitragsbescheid, der auf einem von der Vollversammlung genehmigten, fehlerhaften Haushalt basiert

Auch in diesem Fall ist gemäß § 31a BGB zu prüfen, ob eine Innenhaftung und dadurch eine Schadensersatzpflicht gemäß § 27 III, § 664, § 280 BGB durch schuldhafte Verletzung von Interessenwahrungspflichten entstanden ist.[67] Der Fall der Klage eines Mitglieds der IHK gegen die Kammer selbst begründet im Außenverhältnis eine öffentlich-rechtliche Haftung der Kammer dem jeweiligen Mitglied gegenüber. Jedes Mitglied ist in seiner Rechtspersönlichkeit von der Kammer getrennt und kann daher Rückzahlungsansprüche, die seiner Meinung nach durch einen Beitragsbescheid entstanden sind, auf dem Verwaltungsrechtsweg gegen die IHK anstreben.

---

[67] *Ellenberger*/Palandt (2018), § 31, Rn 4.

Diese kann ggf. im Innenverhältnis bei ihren Organen Regress nehmen, wenn diese ihren Tätigkeitsbereich überschritten haben. Eine Außenhaftung der Vollversammlung, also eine Haftung gegenüber Dritten, ist ausgeschlossen. Keines der Organe der IHK ist Behörde i. S. d. Verwaltungsrechts,[68] sodass eine Klage auch nur gegen die IHK und nicht gegen die Vollversammlung zulässig wäre.[69]

2.5 Haftungspotential für ein durch die IHK in Auftrag gegebenes Gutachten oder eine öffentliche Stellungnahme, die sich negativ auf eine bestimmte Branche auswirkt

Es sind Fälle mit Haftungspotential denkbar, in denen die Kammer Stellungnahmen oder Gutachten veröffentlicht. Kammerzugehörige Mitglieder, die sich mit den in dem Gutachten respektive einer Stellungnahme oder einem Positionspapier der IHK enthaltenen Positionen nicht identifizieren können,

---

[68] *Rickert*, in: Frentzel/Jäkel/Junge, a.a.O. § 6 Rdn. 3, § 3 Rdn. 7.
[69] OVG Lüneburg, Urteil vom 12. November 2009 – 8 LC 58/08 –, in: GewArch 2010, 74-77.

könnten gegen die Veröffentlichung den Rechtsweg bestreiten. So wehrte sich beispielsweise im Jahr 2009 ein Reisebüro gegen Äußerungen der Industrie- und Handelskammer, weil sie der Auffassung war, die IHK nehme damit eine allgemeinpolitische Position ein, die den Interessen der Klägerin zuwiderläuft. Dieses Verfahren wurde bis zum Bundesverwaltungsgericht betrieben.[70] In Frage kommen hier grundsätzlich sowohl eine Außenhaftung der IHK, als auch eine Innenhaftung, als auch eine persönliche Haftung des Hauptgeschäftsführers. Nach außen haftet die IHK, auch gegenüber ihren Mitgliedern. Diese sind in ihrer Rechtspersönlichkeit von der Kammer getrennt und können daher Schadensersatzansprüche, die ihrer Meinung nach durch ein Gutachten oder ein Positionspapier entstanden sind, auf dem Rechtsweg gegen die IHK anstreben. Um in diesem Bereich eine Haftung auszuschließen, sind bestimmte Anforderungen an den Inhalt, die Form und das Verfahren zur Veröffentlichung eines Gutachtens oder einer

---

[70] Urteil zur sog. „Limburger Erklärung", BVerwG, Urteil vom 23. Juni 2010 – 8 C 20/09 –.

Stellungnahme einzuhalten. Zunächst muss der Sachverhalt, zu dem sich die Kammer äußert, nachvollziehbare Auswirkungen auf die gewerbliche Wirtschaft im Kammerbezirk haben und sich damit im Rahmen von § 1 IHKG bewegen.[71] Darüber hinaus darf die Kammer bei umstrittenen Themen nicht nur die Mehrheitsmeinung wiedergeben, sondern muss auch abweichende Auffassungen darlegen.[72] Wichtig im Hinblick auf das Verfahren ist, dass ein Grundsatzpapier, dass der IHK zuzurechnen ist, <u>vor dessen Veröffentlichung</u> von der Vollversammlung verabschiedet sein muss.[73] Ist dies nicht geschehen, verstößt die Kammer mit der Veröffentlichung gegen ihren gesetzlichen Auftrag, weshalb dann jedes IHK-Mitglied gegen die Veröffentlichung klagen kann.[74] Sind diese Vorgaben zum Inhalt, zur Form und zum Verfahren der Veröffentlichung eingehalten, ist eine Haftung nicht anzunehmen, denn die Veröffentlichung von Gutachten, Vorschlägen und Berichten gehört zum

---

[71] *Möllering*, in: GewArch 2011, 56-63.
[72] BVerwG, Urteil vom 23. Juni 2010 – 8 C 20/09.
[73] BVerwG, Urteil vom 23. Juni 2010 – 8 C 20/09.
[74] *Möllering*, in: GewArch 2011, 56-63.

typischen Kompetenzbereich der Industrie- und Handelskammern gem. § 1 I IHKG. Eine persönliche Haftung des Hauptgeschäftsführers im Fall eines möglicherweise falschen Gutachtens ist nicht anzunehmen, da – wie schon oben erwähnt - die Erstellung von derartigen Gutachten zum typischen Kompetenzbereich der IHK gehört, und daher eine Überschreitung der charakteristischen Befugnisse der IHK nicht anzunehmen ist.

2.6 Welche Haftungsrisiken bestehen, wenn die IHK sich an einer externen Gesellschaft beteiligt

Die Beteiligung der IHK an einer externen Gesellschaft kann in zwei Formen auftreten: [75]

- Wenn die IHK als solche in einem Gremium einer externen Organisation vertreten ist, wie zum Beispiel einer Eigentümer- oder Mitgliederversammlung, ist eine Haftung der IHK im Außenverhältnis per Organhaftung möglich.

---

[75] Arbeitspapier der Kommission für Kammerrechtspolitik, S 4.

Sie wird dabei in der Regel durch den Präsidenten vertreten. Sollte dieser ein haftungsrelevantes Verhalten an den Tag legen, kann er der IHK im Innenverhältnis haftbar werden.

- Wenn ein Organ der IHK dagegen ein persönliches Mandat in einer externen Gesellschaft annimmt, ist keine Haftung der IHK für sein Verhalten anzunehmen. Eine Ausnahme besteht, wenn eine sogenannte Abordnung in einen Aufsichtsrat einer externen Gesellschaft besteht: wenn das Verhalten des IHK-Mitglieds der IHK als abordnende Gesellschaft zuzuordnen ist, kann eine Haftung der IHK begründet werden.[76]

---

[76] Vgl. hierzu das Gutachten von *Grunewald*, vom 10.01.2019, das zu folgendem Ergebnis kommt:

1. Aufsichtsratsmitglieder einer Aktiengesellschaft haften gem. §§ 116 S. 1, 93 Aktiengesetz der Gesellschaft. Dies gilt auch für ehrenamtlich tätige und entsandte Aufsichtsratsmitglieder. Diese Haftung ist zwingend. Für Mitglieder eines obligatorischen Aufsichtsrats in einer GmbH gilt nichts anderes.
2. Mitglieder eines fakultativen Aufsichtsrats/Beirats einer

3. Haftungsminimierung
3.1. Generell

Organe der IHK sind ähnlich wie Manager von Unternehmen grundsätzlich einem aus ihrer Position resultierenden Haftungsrisiko ausgesetzt, wobei es allerdings auch Möglichkeiten gibt, die das persönliche Haftungsrisiko von Organen und Ämtern durch eine

---

GmbH haften der Gesellschaft für schuldhafte Pflichtverletzungen. Die Haftung kann aber in der Satzung beschränkt werden.

3. Mitglieder eines Beirats eines Vereins haften dem Verein für schuldhafte Pflichtverletzungen. Die Haftung kann in der Satzung beschränkt werden. Erhält das Beiratsmitglied für seine Tätigkeit weniger als 720 € jährlich, haftet es in jedem Fall nur bei Vorsatz und grobe Fahrlässigkeit.

4. Die IHK haftet einer Aktiengesellschaft, wenn sie vorsätzlich eine offensichtlich ungeeignete Person in den Aufsichtsrat wählt oder entsendet oder ihren Einfluss auf ein Aufsichtsratsmitglied vorsätzlich nutzt, um der Aktiengesellschaft einen Schaden (etwa durch die Erteilung von Weisungen) zuzufügen.

5. Auch einer GmbH/einem Verein haftet die IHK, wenn sie schuldhaft eine für den Aufsichtsrat ungeeignete Person wählt oder bestimmt. Gleiches gilt für die Erteilung von rechtswidrig Anweisungen, die einen Schaden der GmbH/des Vereins herbeiführen.

6. Ein Aufsichtsrats- oder Beiratsmitglied, das gem. Punkt 1), 2) oder 3) von der Gesellschaft/dem Verein in Anspruch genommen wird, kann nur bei weisungsgebundener Tätigkeit bei der IHK Rückgriff nehmen und nur, wenn die eigene Inanspruchnahme Folge der Befolgung der Weisung war

45

Haftungsbeschränkung minimieren oder ausschließen.[77]
Hierzu werden nachfolgend konkrete Vorschläge
gemacht.

3.2. Satzung

In § 4 II Nr. 1 IHKG hat der Gesetzgeber den IHKs im
Rahmen des IHKG die Möglichkeit einer Satzung
eingeräumt. Das IHKG selbst enthält keine
Haftungsregelung, und so ist der Gestaltung der Satzung
ein weiter Raum gegeben. So haben bspw. Einige IHKs
in ihrer Satzung geregelt, dass sowohl die IHK selbst, als
auch ihre Organe in Ausübung ihres Amtes nur für
grobe Fahrlässigkeit und Vorsatz haften[78] und damit
eine sehr weitreichende Haftungserleichterung in ihrer
Satzung verankert. Die IHK Lüneburg beschränkt
hingegen in § 3 II ihrer Satzung lediglich die Haftung für
das Ehrenamt auf Vorsatz und grobe Fahrlässigkeit.[79] Im

---

[77] Arbeitspapier der Kommission für Kammerrechtspolitik, S 4.
[78] So z. B. die IHK Halle-Dessau in § 3 II ihrer Satzung; vgl. Satzung
der IHK Halle-Dessau, aufrufbar im Internet unter
https://www.halle.ihk.de/blob/halihk24/servicemarken/ueber_uns
/Rechtsgrundlagen/627572/004fe3e32c8c40ed3f48a7e868ec46aa/
IHK_Satzung--1--data.pdf [zuletzt aufgerufen am 04.04.2019].
[79] Vgl. Satzung der IHK Lüneburg, aufrufbar im Internet unter
https://www.ihk-

Allgemeinen wird eine Haftungsbeschränkung durch Satzung als zulässig angesehen.[80]

Exkurs: Arbeitsvertragliche Ergänzung für den Hauptgeschäftsführer

Soll eine Haftungsbeschränkung nicht nur für Präsident und Präsidiumsmitglieder gelten, sondern auch für den Hauptgeschäftsführer, empfiehlt es sich, im Anstellungsvertrag eine der Satzung entsprechende Klausel zu verankern.[81] Bei einem Fehlverhalten des Hauptgeschäftsführers bestünde sonst das Problem eines Konkurrenzverhältnisses zwischen satzungsmäßiger Haftungsbeschränkung und Anstellungsvertrag, wenn mit der Satzung ein Vertrauenstatbestand geschaffen wird, der die Inanspruchnahme aus dem Anstellungsvertrag als treuwidrig erscheinen lässt.[82]

---

lueneburg.de/blob/lgihk24/service/Ueber_uns/rechtsgrundlagen/8 54162/c9c2d6ce261a5fea83547d489e98f824/Satzung_der_IHK_Lu eneburg_Wolfsburg-data.pdf [zuletzt aufgerufen am 04.04.2019].

[80] *Grütters* (2006), S. 143.

[81] *Grütters* (2006), S. 143.

[82] *Grütters* (2006), S. 143.

Nichtig ist eine Haftungsbeschränkung, soweit sie den gesetzlichen Rahmen überschreitet. Hierbei ist § 276 III BGB zu berücksichtigen, wonach eine Haftung wegen Vorsatz nicht im Voraus erlassen werden kann. Dies gilt auch für öffentlich-rechtliche Schuldverhältnisse.[83] Streitig ist ein Haftungsausschluss, der sich auch auf grobe Fahrlässigkeit bezieht. Eine Berufung auf § 309 Nr. 7 BGB greift insofern nicht, als das Rechtsverhältnis zwischen IHK und Organverwalter nicht vergleichbar ist mit dem Verhältnis Unternehmer-Verbraucher.[84] Ein Ausschluss der Haftung auch für grobe Fahrlässigkeit ist im Ergebnis daher zwar zulässig, so dass sich die Haftung durch die Satzung sogar auf Vorsatz beschränken lässt.[85] Dies wird aber selten angewendet, um nicht den Anschein von Sorglosigkeit zu erwecken.[86] Aus diesem Grunde ist davon abzuraten. Es ist nicht auszuschließen, dass der Anschein von Leichtfertigkeit

---

[83] *Grütters* (2006), S. 144.
[84] *Grütters* (2006), S. 144.
[85] OLG Nürnberg, Beschluss vom 13. November 2015 – 12 W 1845/15.
[86] *Grütters* (2006), S. 144.

erweckt wird, wenn die IHK, als Körperschaft des öffentlichen Rechts, die auch Aufgaben hoheitlicher Verwaltung wahrnimmt, ihre Haftung auf Vorsatz beschränkt. Zu beachten ist auch, dass sich diese Möglichkeit an § 31 a BGB orientiert, der sich nur auf das unentgeltliche Ehrenamt bezieht. Denn die gesetzliche Haftungsbegrenzung gilt nur für Personen, die ihr Amt unentgeltlich ausüben oder für ihre Tätigkeit höchstens eine Vergütung von € 720,00 im Jahr erhalten. Bei der Implementierung einer haftungsbegrenzenden Satzungsregelung muss also darauf geachtet werden, dass entweder Haupt- sowie ggf. entgeltliches und unentgeltliches Ehrenamt strikt unterschieden werden oder sich der Haftungsausschluss nur auf leichte Fahrlässigkeit bezieht.

Satzung der IHK Bonn/Rhein-Sieg

Die Satzung der Industrie- und Handelskammer Bonn/Rhein-Sieg in ihrer Fassung vom 22.11.2017 enthält eine solche Haftungsbeschränkung nicht. Es ist daher anzuraten, aus Gründen äußerster Vorsorge, eine Haftungsbeschränkung mindestens für die Organe der IHK in die Satzung aufzunehmen.

Nach der hier vertretenden Rechtsauffassung kann auch die Haftung der IHK selbst auf Vorsatz und grobe Fahrlässigkeit in der Satzung beschränkt werden, sofern zwingende gesetzliche Haftungsregelungen (Amtshaftung gem. Art. 34 GG, § 839 BGB) nicht umgangen werden. Diese müssten somit im Haftungsausschluss ausgenommen werden, um die Wirksamkeit zu gewährleisten. Konkret könnte hierzu § 3 der Satzung der IHK Bonn/Rhein-Sieg in der Fassung vom 22.11.2017 wie folgt neu gefasst werden:

Alt (Fassung vom 22.11.2017)

§ 3 Organe

Organe der IHK unbeschadet der Regelungen des Berufsbildungsgesetzes sind:

- die Vollversammlung,
- das Präsidium,
- der Präsident,
- der Hauptgeschäftsführer.

Neu (Vorschlag):

§ 3 Organe

(1) Organe der IHK unbeschadet der Regelungen des Berufsbildungsgesetzes sind:

- die Vollversammlung,
- das Präsidium,
- der Präsident,
- der Hauptgeschäftsführer.

Die Organe der IHK, Vollversammlung, Präsidium,

51

Präsident und deren Mitglieder haften in Ausübung ihrer Ämter nur für Vorsatz und grobe Fahrlässigkeit.

3.3. Organhaftpflichtversicherung (D & O – Versicherung)

Um das Haftungsrisiko der einzelnen Organverwalter zu minimieren, kann neben der satzungsgemäßen Beschränkung und einer ergänzenden einzelvertraglichen Haftungsbeschränkung für den Hauptgeschäftsführer auch eine sogenannte Directors-and-Officers-Versicherung, auch Organ- oder Manager-Haftpflichtversicherung (D & O Versicherung) genannt, abgeschlossen werden. Dabei handelt es sich um eine Art Berufshaftpflichtversicherung für Management und Aufsichtsorgane, die durch die IHK für ihre Organe abgeschlossen werden kann. Durch sie können Schadensersatzansprüche gegen Vorstände, Geschäftsführer oder Mitglieder von Aufsichtsräten versichert werden. Versicherbar sind die Befriedigung berechtigter und die Abwehr unberechtigter Ansprüche im Innen- und Außenverhältnis, nicht versicherbar sind allerdings vorsätzliche und willentliche

Pflichtverletzungen oder Pflichtverletzungen, die bereits bei Vertragsabschluss bekannt sind.[87] In Bezug auf juristische Personen des öffentlichen Rechts wurden derartige Organhaftpflichtversicherungen noch nicht sehr oft abgeschlossen.[88] Die Industrie- und Handelskammer Bonn/Rhein-Sieg hält eine solche D & O Versicherung zur Absicherung des Haftungsrisikos für den Hauptgeschäftsführer sowie für den Präsidenten und das Präsidium vor.

3.4. Compliance für das Ehrenamt

Alle hier geschilderten Haftungstatbestände gründen sich auf ein Fehlverhalten durch die Mitarbeitenden der IHK, das dazu führt, dass sich die Haftung dann im Außen- oder Innenverhältnis durchschlägt und zu einer persönlichen Haftung der Organe führen kann. Um ein Fehlverhalten generell auszuschließen oder zumindest zu minimieren, können interne organisatorische Maßnahmen eingeführt werden, die den Organen Anleitungen geben, wie sie sich regelkonform verhalten

---

[87] *Grütters* (2006), S. 144.
[88] *Arnim* (2018), S. 3.

sollen. Die Summe dieser Anleitungen wird als Compliance im Rahmen eines Risk-Management-Systems (RMS) definiert. Compliance, auch als Regeltreue oder Regelkonformität bezeichnet, reguliert die Einhaltung von internen Regeln und Richtlinien, von internen Verhaltensstandards, aber auch von freiwillig aufgestellten ethischen Richtlinien in Organisationen.[89] Die vorrangigen Ziele von Compliance sind die Minimierung von Risiken und die Steigerung von Effizienz und Effektivität in einer Organisation.[90]

Compliance ist Teil der gesamten Corporate Governance einer Organisation. Sie ist von der Verfügbarkeit und Sicherheit der vorhandenen Informationen abhängig, und ihrer Verbindlichkeit, die sich auch in Sanktionen und Schadensersatzansprüchen ausdrücken kann.[91] Bei Einhaltung der Verhaltensregeln können Kosten für Haftungen und Prävention vermieden werden.[92] Für den Fall eines Verstoßes

---

[89] *Czotscher* (2009), S. 63.
[90] *Jess/Holtermann* (2008), S. 9.
[91] *Stiglbauer* (2010), S. 20.
[92] *Jess/Holtermann* (2008), S. 9.

gegen die interne Compliance kann ein Organ im Innenverhältnis haftbar gemacht werden.[93] Die IHK Bonn/Rhein-Sieg hat in ihrer Vollversammlung vom 10.03.2015 einen entsprechenden Compliance-Kodex als Leitlinie für rechtmäßiges Handeln aller ehren- und hauptamtlich Tätigen beschlossen.[94] Darüber hinaus ist für die IHK Bonn/Rhein-Sieg ein externer, unabhängiger Ombudsmann bestellt worden, der (auch anonyme) Hinweise entgegennimmt und prüft, ob diesen nachgegangen werden muss.[95]

3.5. Private Haftpflichtversicherung der ehrenamtlich Tätigen

Die ehrenamtliche Tätigkeit ist nicht grundsätzlich im Vertrag der privaten Haftpflichtversicherung enthalten. Insbesondere ältere Verträge beinhalten oft keinen

---

[93] *Jess/Holtermann* (2008), S. 10.

[94] Der Compliance-Kodex der IHK-Bonn/Rhein-Sieg ist abrufbar im Internet unter https://www.ihk-bonn.de/fileadmin/dokumente/Downloads/Wir_ueber_uns/Compliance-Kodex_der_IHK_Bonn_Rhein-Sieg.pdf [zuletzt aufgerufen am 04.04.2019].

[95] https://www.ihk-bonn.de/wir-fuer-sie/wir-ueber-uns/compliance-kodex-der-ihk.html [zuletzt aufgerufen am 04.04.2019].

Versicherungsschutz für das Ehrenamt. Seit der Einführung des § 31 a BGB am 28.09.2009 und der damit einhergehenden Stärkung des Ehrenamtes finden sich in neueren Verträgen vermehrt Klauseln, die eine ehrenamtliche Tätigkeit absichern. Wer auf Nummer sicher gehen möchte, hat - ungeachtet des von der IHK-Bonn/Rhein-Sieg bereits vorgehaltenen Versicherungsschutzes - ggf. die Möglichkeit, mit seiner Privathaftpflichtversicherung die ehrenamtliche Tätigkeit in den Versicherungsschutz aufnehmen zu lassen. Zu berücksichtigen ist hierbei aber, dass oft hoheitliche Tätigkeiten vom Versicherungsschutz ausgenommen werden. Für Präsidenten und Vizepräsidenten, die sich in alle Richtungen absichern wollen, kann eine Prüfung des Versicherungsschutzes der privaten Haftpflichtversicherung zweckmäßig sein. Für ein Mitglied der Vollversammlung, dass nicht nach außen auftritt, wird dies aufgrund des dargestellten, ohnehin nicht bestehenden Haftungsrisikos nicht für erforderlich gehalten.

4. Fazit

Eine Haftung der IHK oder ihrer Organe kann grundsätzlich aus hoheitlichem, privatwirtschaftlichem oder deliktischem Verhalten entstehen. Ein Fehlverhalten löst unterschiedliche Folgen aus.

Handelt der **Präsident für die IHK in Ausübung seines öffentlichen Amtes**, so ist er Amtsträger. Für sein öffentlich-rechtliches Handeln haftet dann die IHK im Außenverhältnis gem. Art. 34 GG i. V. m. § 839 BGB. Selbiges gilt für die Vizepräsidenten, sofern sie gem. § 9 III der Satzung der IHK Bonn/Rhein-Sieg in Vertretung des Präsidenten agieren.

Dies gilt **nicht für Vollversammlungsmitglieder**, da diese lediglich körperschaftsinterne Aufgaben als Beschlussorgan erfüllen und Dritten gegenüber nicht als Träger öffentlicher Verwaltung in Erscheinung treten.

Für **rechtsgeschäftliche Tätigkeiten wird ebenfalls das Handeln des Präsidenten** oder Vizepräsidenten der IHK über §§ 89, 31 BGB zugerechnet, die dann im Außenverhältnis haftet. Bei rechtsgeschäftlichem Fehlverhalten kann aber parallel auch eine persönliche Haftung des Ehrenamtes gegenüber Dritten im Außenverhältnis entstehen. Handelt der Präsident außerhalb des gesetzlichen Kompetenzbereichs des § 1 IHKG oder außerhalb seiner satzungsmäßigen Vertretungsmacht rechtsgeschäftlich, so haftet er auch persönlich gegenüber der IHK im Innenverhältnis und gegenüber Dritten im Außenverhältnis.

Vollversammlungsmitglieder schließen hingegen keine Rechtsgeschäfte für die IHK ab, sodass eine persönliche Haftung gegenüber der IHK im Innenverhältnis oder gegenüber Dritten im Außenverhältnis für rechtsgeschäftliches Handeln insoweit nicht in Betracht kommt.

Auch, wenn bisher durch die Rechtsprechung noch nicht geklärt ist, ob analog zu Vereinsmitgliedern laut § 31a BGB Haftungserleichterungen oder -privilegien für die ehrenamtlich tätigen Mitglieder der IHK (Vollversammlung und Präsidium) bestehen sollen, sind schon aufgrund des jeweiligen Tätigkeitsbereiches Unterschiede in der Haftbarkeit zum hauptberuflich tätigen Hauptgeschäftsführer erkennbar. Vollversammlung und Präsidium können demnach im Innenverhältnis nur für Angelegenheiten haftbar gemacht werden, die ihren Tätigkeitsbereich überschreiten. Dies gilt zum Beispiel dann, wenn Präsidiumsmitglieder Beschlüsse ohne Hinterfragung zur Wirtschaftlichkeit und Zulässigkeit oder ohne zuverlässige Einschätzungen und Informationen treffen oder Aufgaben des Hauptgeschäftsführers übernehmen und dadurch einen Schaden verursachen. Der Hauptgeschäftsführer kann im Innenverhältnis nur dann haftbar gemacht werden, wenn er seine Befugnisse als Geschäftsführer überschreitet und zum Beispiel vertragliche Pflichten verletzt. Eine darüberhinausgehende Verantwortlichkeit, zum Beispiel in Analogie zu der der Geschäftsführer einer GmbH gemäß § 43 I GmbHG, ist nicht gegeben.[96]

Sowohl Vollversammlung und Präsidium als auch der Hauptgeschäftsführer haften dann persönlich für ihr Verhalten, wenn sie eine deliktische Verletzungshandlung gemäß § 823 I BGB begehen oder einen Verstoß gegen ein Schutzgesetz gemäß § 823 II BGB setzen.[97]

Handeln **Präsident** oder in dessen Vertretung der **Vizepräsident** im Rahmen vom Amtsgeschäften, haftet parallel gem. §§ 89, 31 i. V. m. § 839 BGB auch die IHK. Gleiches gilt, wenn der Präsident oder Vizepräsident die eigene Vertretungsmacht laut Satzung überschreiten, sich aber insgesamt noch im Kompetenzbereich des § 1 IHKG befinden. Der Präsident oder seine Vertreter haften aber ausschließlich persönlich gegenüber dem geschädigten Dritten, wenn sie über ihre Amtstätigkeit hinaus pflichtwidrig handeln. Zusammenfassend kann festgehalten werden, dass eine persönliche Haftung nur

---

[96] Urteil vom 04.03.2005, Az II ZR 5/03, BB 2005, 1016.
[97] BGH, Urteil vom 08.07.1986, Az VI ZR 47/85.

dann in Betracht kommt, wenn rechtliche Vorgaben nicht eingehalten werden.

Möglichkeiten der Haftungsbeschränkung

Die Haftung der IHK und ihrer Organe kann durch eine Satzungsregelung auf Vorsatz und grobe Fahrlässigkeit beschränkt werden. Die Satzung der IHK Bonn/Rhein-Sieg in der Fassung vom 22.11.2017 enthält eine solche Regelung nicht; es ist ratsam eine solche aufzunehmen und der Vollversammlung eine entsprechende Satzungsänderung vorzuschlagen (vgl. oben, S. 21). Überdies kann ggf. die ehrenamtliche Tätigkeit über eine Erweiterung des Versicherungsschutzes der privaten Haftpflichtversicherung des jeweiligen Ehrenamtsträgers abgesichert werden.

Für strafrechtliches Handeln ist stets der Handelnde selbst verantwortlich. Es erfolgt keine Zurechnung an die IHK. Für strafrechtliches Handeln des Ehrenamtes ist zu beachten, dass der Präsident als Amtsträger strafrechtliche Sonderdelikte verwirklichen kann. Dies gilt nicht für Mitglieder der Vollversammlung, die keine Amtsträger sind und nicht nach außen auftreten. Für die übrigen Präsidiumsmitglieder (Vizepräsidenten) nur, wenn Sie gem. § 9 III der Satzung als Vertreter des Präsidenten nach außen auftreten.

Das Risiko einer persönlichen Inanspruchnahme kann durch Maßnahmen wie Haftungsbegrenzungen in der Satzung, Compliance-Richtlinien, private Haftpflichtversicherungen sowie D & O - Versicherungen deutlich vermindert werden.

Literaturverzeichnis

Arnim, Moritz von: D & O Versicherung und öffentliche Hand, Diss, Karlsruhe 2018

Brox, *Hans/Walker*, *Wolf-Dietrich*, Allgemeines Schuldrecht, 36. Aktualisierte Auflage, München, 2012 (zitiert: *Brox/Walker*, §, Rn.)

Czotscher, *Eric*: Managementkompass Wertemanagement, Frankfurt/Main 2009

Frenzel/Jäkel/Junge, Kommentar zu IHKG, 7. Auflage, 2009 (zitiert: *Bearbeiter*, in: Frenzel/Jäkel/Junge, §, Rn.)

Grütters, Jochen: Die Haftung von IHK Organen, in: GewArch 2006/4, S. 141 – 144

Jess, Hans J./Holtermann, *Christian*: Produkthaftung in Deutschland und Europa, Renningen 2008

Maurer, Hartmut, Allgemeines Verwaltungsrecht, 18., überarbeitete und ergänzte Auflage, München 2011 (zitiert: *Maurer* (2011), § , Rn.)

Möllering, Jürgen, Das Bundesverwaltungsgericht zur "Limburger Erklärung" der hessischen Industrie- und Handelskammern - ein wegweisendes Urteil zur Wahrnehmung des Gesamtinteresses und sehr viele offene Fragen, in: GewArch 2011, 56-63 (zitiert: Möllering, in: GewArch, 2011, 56)

Palandt, Bürgerliches Gesetzbuch. Kommentar, 77. Aufl., München 2018 (zitiert Palandt – Bearbeiter)

Rengier, Rudolph, Strafrecht, Allgemeiner Teil, 4. Auflage, 2012, München (zitiert: *Rengier*, Strafrecht, §, Rn.)

Stiglbaur, Markus: Corporate Governance. Berichterstattung und Unternehmenserfolg, Diss., Wiesbaden 2010